Cómo Hacer que el Dinero Abunde Más

Aprovechando tus ingresos al máximo

Armando Aceituno M.

Derechos reservados Armando Aceituno M., Owinstein Education, Buckerlandia 2022. Ninguna parte de esta publicación puede ser reproducida sin el permiso expreso del autor.
2022

Una obra que le ayudará a obtener mayor rendimiento de su dinero fácilmente.

Todos los consejos aquí descritos han sido utilizados por mi propia familia y muchas familias más alrededor del mundo, pero cada situación es diferente y puede que el contenido de esta obra no aplique a todos.

En nuestros hogares y nuestras vidas hay muchos momentos y hábitos que, nos demos cuenta o no, nos hacen poco a poco simplemente perder nuestro dinero.

Es como que si usted tomara un billete de cien dólares y lo rompiera en muchos pedacitos y luego lo tirase a la basura. Eso exactamente hacemos cuando seguimos con los hábitos que nos dañan y dañan nuestros bolsillos.

Veamos entonces cuáles son esos hábitos y esas áreas que podemos mejorar para hacer que nuestro dinero rinda más.

Gas Propano

En algunos países todavía se usa el gas propano en forma de cilindros. En otros, el gas está conectado directamente desde la casa a la distribuidora.

Sin importar cual sistema use, puede ahorrar gas y dinero mensualmente.

Mi familia está compuesta por cuatro personas (y cuando la suegra y sus "allegados" visitan, hasta siete).

Cocinamos desayuno, almuerzo y cena y a veces una pequeña refacción.

O sea que nuestra estufa se usa de manera normal. Pero un día descubrí (o alguien me reveló, no recuerdo bien) el secreto para lograr que nuestro gas dure más y desde entonces logramos que utilicemos mucho menos cada mes.

En nuestro caso, logramos disminuir el consumo de gas hasta llegar a un 30% de lo anterior.

Así que empecemos a describir nuestro "nuevo" método de cocinar. Esto funciona con gas o electricidad. No incluyo leña porque nunca he cocinado con ese método.

PRIMERO. Es importante cocinar todo con las ollas y sartenes tapados. Cuando usted cocina sin tapar, deja que el calor se escape. En cambio, cuando tapa las ollas o sartenes, permite que el calor se quede adentro y la comida se cocina mejor y más eficientemente.

SEGUNDO. Cocinar a fuego lento. Así es, a fuego lento.

Cuando la hornilla está abierta completamente, parte del fuego se escapa afuera de la olla, jarrilla, tetera o sartén. Entonces usted está perdiendo una buena cantidad de gas que simplemente se escapa al aire. En cambio, cuando cocina a fuego lento, todo el fuego pega en el fondo de la olla y se aprovecha al máximo. Además, como está cocinando con todo tapado, el calor no se escapa.

TERCERO. Controlar su tiempo y manejarlo mejor.

Al principio puede ser extraño el acostumbrarse a cocinar con fuego lento. A mi esposa le costó porque eso significó a veces tener que empezar unos cinco o diez minutos antes de lo normal. Pero poco a poco se fue acostumbrando y hace años que cocina solo a fuego lento y con todo tapado. Eso ha logrado un ahorro ha sido muy grande y satisfactorio.

Electricidad

Si usted vive en un lugar donde la electricidad es gratis, felicitaciones.

Pero si es como la mayoría de nosotros, entonces es parte del club de "Pague la luz o se la Desconectamos".

Lo bueno de tener electricidad es que podemos usar todos esos bonitos aparatos de hoy.

Lo malo es que a fin de mes tenemos que pagar el recibo de la luz y usualmente no entendemos por qué estamos pagando tanto.

Pero hay maneras de ahorrar en la electricidad también.

Aparatos "Apagados"

¿Sabía usted que muchos aparatos continúan usando luz si están conectados aunque estén apagados?

Es cierto. Es poquito lo que consumen, eso es cierto también. Pero cuando usted añade todos los aparatos que están consumiendo un poquito cada uno, resulta que usted está desperciando un montón de electricidad cada mes.

Algunos aparatos que consumen electricidad aunque estén apagados son:

Laptops, ordenadores, computadoras
Reproductores de radio, CD o DVD
Aparatos de TV por cable
Cafeteras
Cargadores de teléfono portátil
Hornos Micro-ondas
Televisores

¿Y cómo es posible que consuman electricidad apagados?

De diferentes maneras. La mayoría tiene pequeños relojes o luces que se mantienen encendidos todo el tiempo.

¿La solución? Desconectarlos.

No simplemente los apague sino desconéctelos completamente cuando no los esté usando. Aunque le parezca una molestia el tener que estar conectando y desconectando, piense qué es más importante, la pequeña molestia de desconectar o ahorrar un poco cada mes.

La Computación

Controle lo que usted y sus hijos hacen con la "compu". En muchos hogares es común usar la computadora para jugar, lo cual no es malo. Lo malo es que luego se deja el equipo encendido cuando se aleja del mismo por unos minutos para cenar o ir a la tienda, etc. Esos minutos añadidos cada día al final del mes son bastantes, así que si empieza a apagar la compu cuando no esté siendo usada, poco a poco verá la diferencia.

Uno de los elementos que más nos hacen perder dinero son los "ahorradores de pantalla", porque son bonitos, entretenidos y nos gusta dejarlos todo el tiempo.

Pero cuando su computadora está encendida y usted no está haciendo nada en lo absoluto, el usar el ahorrador de pantalla le hace desperdiciar energía eléctrica.

Si usted tiene que dejar su compu encendida mientras revisa contra virus o descarga algún programa, entonces apague la pantalla. No se dañará porque para eso está hecha. Durante muchos años lo he hecho con mis computadoras y jamás ha descompuesto eso la pantalla.

Duchas

Cada vez que se baña y enciende el calentador durante veinte minutos o más, está usando una cantidad increíble de electricidad. Si se da cuenta, es posible acortar su ducha lo más posible y aún así salir limpio y fresco. El calentador de luz y el micro-ondas son dos de los aparatos que más electricidad usan. Reduzca su uso y ahorrará bastante.

Micro-ondas

El micro-ondas usa más electricidad al momento de encenderse. Luego, empieza a estabilizarse y la energía que usa ya es menor. Es por eso más eficiente calentar algo durante tres minutos que calentar tres cosas durante un minuto cada una. Por ello, trate de usarlo solamente cuando es absolutamente necesario y, si se puede, caliente varias cosas juntas al mismo tiempo.

Energía Solar

Si está disponible en su región, instale páneles de energía solar que le ayudarán mucho a recortar su recibo de energía eléctrica.

ENERGÍA Y SALUD

Es posible ahorrar dinero y al mismo tiempo mejorar nuestra salud: caminemos más.

He visto personas que toman un bus para viajar cuatro o cinco cuadras, cuando podrían caminar fácilmente esa distancia y hacer ejercicio que es excelente para su cuerpo, especialmente para su corazón.

También he visto personas subirse a su vehículo, encenderlo, manejar CUATRO O CINCO CUADRAS a algún lugar, cuando que bien podrían caminar y llegar tranquilamente.

Así que si no quiere ir de prisa, salga un poco más temprano y camine más. Su salud se lo agradecerá y su bolsillo estará más feliz también.

¿Y qué pasa si tiene que cargar bultos mientras camina?

Trate de usar bolsas medianas y distribuir su peso alrededor de su cuerpo al caminar. Algo que funciona bien es usar una mochila de las que puede usar en la espalda y otras en los hombros.

Si definitivamente no puede evitarlo, use su vehículo o el autobús pero trate de minimizar ese uso.

Comida Chatarra

Esta es una de las maneras más comunes en las cuales nuestras familias ahora desperdician el dinero. Y lo peor es que la comida chatarra no solo afecta nuestros bolsillos sino además daña nuestra salud.

Una bolsita de comida chatarra cuesta más que la comida normal.

Por ejemplo, una bolsita de 22 gramos cuesta usualmente entre diez y quince centavos de dólar. Eso significa que usted está gastando aproximadamente seis a siete dólares por cada kilo de comida chatarra. Compare eso con los precios que la fruta y las verduras tengan en su ubicación y verá que le está saliendo más cara. Aquí en mi ciudad, un kilo de manzana cuesta apenas dos dólares, así que la diferencia es enorme.

La comida chatarra es uno de los peores inventos de nuestros tiempos.

Contiene muchos ingredientes que YA SE COMPROBÓ dañan nuestro cuerpo en varias maneras.

Por ejemplo, las bolsitas que contienen elementos picantes o de chile, poco a poco atacan las paredes del estómago. Y debido a que muchas personas, especialmente niños, no desayunan bien y lo único que llevan de refacción es esa comida chatarra, el daño es mucho mayor.

Aparte de otros factores, de esta pésima alimentación vienen muchas infecciones del estómago, diarreas, gastritis y úlceras en el estómago.

¿La solución? Hay varias alternativas.

Fruta. Hay bastante fruta más barata que la comida chatarra y disponible fácilmente. Tan solo asegúrese que esté bien lavada y listo.

Pan. En lugar de comprar un par de bolsitas, prepare un pan con jalea, jamón, frijoles, etc. Tres o cuatro panes le llenará más que dos bolsitas, le costará mucho menos y no dañará su cuerpo.

Comida. Un recipiente plástico con comida preparada es la mejor opción. Esa es la comida preparada en casa en forma saludable y es el alimento que más llena al final. Y debido a que ya fue preparada para el almuerzo o la cena, no hay que gastar más gas y dinero en prepararla por separado.

Los Vehículos

Si usted tuviese en sus manos en este momento un billete de cien dólares, ¿lo quemaría? Por supuesto que no. Y sin embargo eso es lo que hacemos a veces sin querer.

En Latinoamérica es común ver miles de personas desperdiciando su dinero todos los días y a cada rato por la manera en que conducen sus vehículos.

Si usted no tiene los hábitos siguientes, felicitaciones, pero si los tiene, ya es hora de cambiarlos porque sin darse cuenta simplemente quema su dinero.

Calentar el vehículo
Si usted tiene vehículo y éste es de 1985 para adelante, la verdad es que no necesita calentar el motor antes de conducir. Los vehículos modernos puede usted encenderlos, esperar unos quince

segundos y empezar a manejar. Durante el primer kilómetro, basta con manejar a baja velocidad para que el motor caliente lo suficiente. De esa manera, está calentando su vehículo pero al mismo tiempo está avanzando hacia donde quiere llegar.

En cambio, si usted acostumbra encender el vehículo y dejarlo encendido estacionado mientras se calienta, lo único que está haciendo es desperdiciando grandes cantidades de combustible.

Si lo hace a diario, ¡imagínese la cantidad de dinero que está QUEMANDO en un año! Esto también se ve con conductores de camiones y autobuses. Los estacionan con el motor encendido y logran tres cosas:

- Quemar combustible y dinero por gusto
- Llenar de humo y mal olor el lugar donde están estacionados

- Contaminar el ambiente pues están lanzando gas venenoso a la atmósfera

Una amiga que tiene un vehículo muy moderno, acostumbra a calentar su carro durante diez minutos.

Cuando le pregunté por qué lo hace simplemente me dijo que por costumbre. Pues esa costumbre que ella no quiso dejar, hizo que continuara quemando su dinero a diario durante mucho tiempo.

La decisión es suya. Puede seguir con costumbres que no son necesarias o puede ya empezar a ahorrar dinero. ¿Qué quiere usted hacer?

Frenando

Usted va en su vehículo por la calle cuando encuentra otro vehículo obstaculizando el paso. Para que el conductor de adelante se dé cuenta que usted está allí, usted presiona el freno y el acelerador al mismo tiempo para que el motor haga suficiente ruido.

Esta es otra costumbre muy común y muy dañina. No solo está gastando una gran cantidad de gas en ese instante, sino que está forzando su motor y sus frenos de una manera que no es normal.

Al Estacionarse

Mientras escribía esta obra, mi familia me pidió que los acompañara al mercado. Fuimos caminando porque solo está a un kilómetro de aquí. Son quince minutos caminando y al regresar pasamos a una tienda.

Allí estaba estacionado un vehículo esperando a alguien que probablemente estaba en la tienda en ese momento. El motor del vehículo estaba encendido todo el tiempo que esperó.

El piloto no lo sabe, pero al estar esos tres o cuatro minutos estacionado con el motor encendido quemó por lo menos un dolar de gasolina.

Esto es porque se calcula que un vehículo mediano en buenas condiciones gasta aproximadamente MEDIO DOLAR de combustible cada cinco minutos. O sea que cuando usted añade todas las veces que se estaciona dos o tres minutos, al mes ya QUEMÓ varios dólares completitos. Supongamos que solamente lo hace diez veces al mes (la mayoría de conductores lo hace tres o cuatro veces diarias), entonces usted quema CINCO dólares al mes.

¿Cuánto es eso en su moneda nacional? Pues eso es lo que está simplemente tirando a la basura.

Arranque de Liebre
Así se le llama cuando usted está, por ejemplo, detenido en un semáforo y en cuanto ve la luz verde pisa a fondo el acelerador para salir lo más rápido posible.

Llega a toda velocidad al siguiente semáforo y tiene que pisar el freno a fondo y bruscamente para poder detenerse. Luego vuelve a salir rápidamente y así poco a poco continúa en su viaje de desperdicio.

Ya se comprobó hace mucho que este estilo de manejar es el peor de todos, el más peligroso y además el que más desperdicia su dinero.

Cada salida rápida le hace desperdiciar mucho gas. Cada frenazo repentino lleva el riesgo de que en algún momento no pueda frenar a tiempo. No todos los accidentes que ocurren son realmente accidentes. La mayoría son ocasionados por nuestra imprudencia.

Por ejemplo, si usted maneja demasiado cerca de los demás vehículos, no da espacio para una emergencia y si alguno de ellos tuviese que frenar de improviso, a usted no le dará tiempo de detenerse y golpeará al de enfrente por detrás. En cambio, si guarda su distancia, ahorra gas y dinero y le permite estar preparado para cualquier emergencia.

Sobrecargar el vehículo

¿Alguna vez se ha preguntado por qué al pobre le cuesta salir de pobre?

No siempre se puede culpar al gobierno o la sociedad. Muchas veces son nuestras costumbres, nuestros hábitos, los que nos mantienen pobres.

Sobrecargar el vehículo es un hábito muy comùn pero que desperdicia un montón de dinero.

Cada vehículo tiene un máximo de carga recomendada.

Si un autobús fue construido para quince pasajeros y usted lo llena con veinticinco, está haciendo lo siguiente:

Forzando el motor mucho más allá de su capacidad. El motor "aguanta" según usted, pero al sobrecargarlo y forzarlo, hace que su motor dure mucho menos.

Un motor que bajo carga normal le debería durar veinte años, al sobrecargarlo de manera extrema no le durará ni diez. Entonces tendrá usted que hacerle mantenimiento y reparaciones más seguido y esas reparaciones usualmente salen carísimas.

Es necesario que se pregunte entonces si acaso valió la pena el sobrecargarlo tanto.

Aparte de eso, al sobrecargarlo está usted arriesgando su vida y la de los demás porque un vehículo sobrecargado cuesta mucho más hacerlo frenar.

Es común en algunos países ver autobuses y camiones con varios pasajeros colgando de la puerta. El dueño de un autobús que es usado de esa manera está quemando dinero día a día.

Usted ha oído de MUCHOS accidentes que ocurren porque un vehículo iba, no solo sobrecargado sino además a alta velocidad. Iba gastando más gas de lo normal y además arriesgando su vida.

El resultado fue un desastre.

Y si a usted no le ha ocurrido, ¿es acaso necesario arriesgarse?

¿Vale en verdad la pena arriesgar su vida y la de otros por ganar un miserable dolar más cuando que lo que en realidad está haciendo es desperdiciando su dinero y arriesgando su vida? Piénselo.

Combustible "Pirata"

Ahora es común ver por todos lados ventas de combustible "pirata". Este es combustible más barato traído de contrabando de otros países.

Cuando veo un conductor que usa este gas, me pregunto si se da cuenta lo que está haciendo en realidad.

El combustible de contrabando es de mucha menor calidad, no tiene suficientes aditivos para limpiar el motor y por lo tanto causa que su motor se desgaste más. Usted creerá que ve un pequeño ahorro cada vez que compra un galón a precio más bajo que en la gasolinera, pero cuando con el tiempo su motor se daña, verá que el usar ese gas le salió más caro de lo que se imaginaba.

Aparte de la baja calidad, también es cierto que los vendedores ni siquiera llenan los galones completamente. Entonces, le están vendiendo un "casi-galón" a "precio bajo" pero si usted compara un galón lleno con gasolina de alta calidad entonces el combustible pirata a usted le está saliendo mucho más caro en verdad.

Estas pésimas costumbres son especialmente visibles cuando el conductor no es el dueño del vehículo, pues no le importa dañarlo ya que sabe que no es suyo.

Si usted contrata conductores para sus vehículos, asegúrese que ellos sepan las reglas en cuanto a cuidar el automotor. De lo contrario, el dinero que están quemando no es el de ellos sino el de usted.

Los Alimentos

Cuando usted compra alimentos, los precios van de lo más barato a lo más caro:

- **Barato:** El mercado comunal
- **Término medio**: La tienda del barrio
- **Caro**: Algunos supermercados.
- **Super caro**: Comer en un restaurante

Lo mejor y más saludable es cocinar uno mismo. Así puede usted comprar los ingredientes que quiera y cocinar a su gusto. Y si además cocina a fuego lento, pues ahorra mucho más.

Pero si le gusta comer afuera de vez en cuando, lo mejor es ir a lugares higiénicos, porque si se llega a enfermar del estómago, la experiencia le saldrá más cara pues tendrá que comprar medicina para la diarrea.

Si le interesa mucho su economía, entonces lo peor que puede hacer es comer afuera. Fíjese en la diferencia para una familia normal de cuatro personas:

Preparar su propio almuerzo:
>diez dólares

Comer en un **restaurante** promedio:
>veinticinco dólares

Multiplique eso en su moneda nacional y verá la gran diferencia. Si su economía le preocupa, entonces empiece por comer en casa más seguido. Es más saludable y mucho más barato.

El Agua

El agua, siempre el agua.

Es uno de los recursos más abundantes y sin embargo uno de los que más nos preocupan porque es desperdiciada todo el tiempo en todos lados.

Para usar este recurso con eficiencia, siga estos consejos:

Tome duchas breves.

Si no tiene lavadora de platos, lávelos enjabonando con la llave del agua cerrada.

Lávese los dientes con un vaso de agua, no con la llave abierta.

Si tiene vehículo, no lo lave con manguera sino con una cubeta o recipiente.

No lave la calle o la acera con manguera.

Si tiene una fuga de agua en su casa, arréglela. El agua y dinero que desperdicia al no arreglarla es mucho más a la larga que si hiciera una inversión en arreglarla.

El Teléfono

Esta es una de las peores maneras en las que las familias desperdician su dinero.

Aunque es cierto que existen "planes" especiales que le permiten "ahorrar" dinero, la realidad es otra.

Verá, en los años 80, cuando no existían los teléfonos móviles o celulares, una llamada por teléfono costaba tan solo cinco centavos de dólar y usted podía hablar mucho tiempo sin tener que gastar más que esos cinco centavos.

Ahora hay "planes" mensuales que le hacen pagar de quince a treinta dólares al mes y muchas personas usan su tiempo celular para redes sociales que lo único que hacen es proveer entretenimiento, nada más.

Use su teléfono lo más sabiamente posible.

No habría problema si pudiésemos controlar nuestros impulsos de hablar de cualquier cosa por celular, pero resulta que hacemos llamadas por cosas tan triviales que en realidad debe usted preguntarse cada vez que usa su celular ¿es esa llamada realmente esencial? Porque cada minuto que usted hable le está costando dinero, dinero y más dinero, incluso con los mejores planes existentes.

Y cuando usted escuche que tiene un plan con minutos "gratis", no lo crea. Recuerde que todas las empresas, incluyendo las de telefonía, son negocios y no pueden regalar absolutamente NADA. Aunque le den minutos "gratis", ya se los están cobrando con su plan.

En la mayoría de familias son los adolescentes quienes más usan el celular para enviar mensajes de texto o hacer llamadas poco necesarias. Si usted quiere economizar de verdad, haga la cuenta de cuánto está gastando al mes en celular y podrá reducir sus gastos considerablemente.

CRÉDITO

Una de las peores trampas en las que caemos es el crédito, las tarjetas, los préstamos.

Nos parece que las empresas nos están ayudando al concedernos crédito, pero lo que está sucediendo es que estamos perdiendo una cantidad enorme de dinero cada vez que utilizamos ese sistema.

Una cuenta bancaria de ahorros le da a usted cierto porcentaje. Dependiendo del país, puede ser de uno a quince por ciento.

Una tarjeta de crédito le cobra intereses anuales que pueden ir del diez al treinta por ciento y más.

Haga sus cuentas. Averigue cuánto le paga anualmente un banco en su localidad por sus ahorros y cuanto le cobra por un préstamo o una tarjeta de crédito. Siempre será MUCHO más alto el interés que le cobran por prestarle dinero que el que le pagan por ahorrar.

Sé que en estos tiempos de escasez y dificultades económicas es muy tentador cuando un vendedor de crédito nos ofrece cantidades algo fuertes en forma instantánea. Sin embargo, es urgente que nos demos cuenta que el crédito, el usar dinero que no es nuestro y que tendremos que pagar con intereses muy altos, nos está afectando ahora y en nuestro futuro.

Y hasta aquí esta pequeña obra escrita con el propósito de ayudarle a ver algunas de las maneras en las cuales usted puede ahorrar dinero.

Siga estos consejos poco a poco y verá cómo sus ingresos le abundan más.

No le deseo suerte porque no creo en la suerte, pero sí en las bendiciones.

Dios le bendiga a usted y familia todos los días de su vida.

:-)

www.ingramcontent.com/pod-product-compliance
Lightning Source LLC
Chambersburg PA
CBHW030520220526
45464CB00006B/2884